REGLEMENS

ET

STATUTS

DES MAISTRES TONDEURS DE DRAPS, Pressſeurs, Retendeurs, & Luſtreurs de toutes ſortes d'Etoffes tiſſues de laine, de la ville de Lyon, par eux propoſés à Meſſieurs les Prévôt des Marchands & Echevins de ladite Ville, pour être obſervés & exécutés à l'avenir, ſous le bon plaiſir de Sa Majeſté.

A LYON,

Chez AIMÉ DELAROCHE, Libraire-Imprimeur de la Ville & du Gouvernement.

Imprimé aux dépens de la Communauté.

Avec Permiſſion. 1754.

Réimprimé par les soins des Sieurs

MICHEL ROPIQUE,	}	*Maîtres-Gardes.*
LOUIS BANCHET,		
JEAN BROSSE,	}	*Adjoints.*
JEAN CARRILLON,		

REGLEMENS
ET STATUTS

DES MAISTRES TONDEURS DE DRAPS, Presseurs, Retendeurs, & Lustreurs de toutes sortes d'Etoffes tissues de laine, de la ville de Lyon, par eux proposés à Messieurs les Prévôt des Marchands & Echevins de ladite Ville, pour être observés & exécutés à l'avenir, sous le bon plaisir de Sa Majesté.

PREMIER ARTICLE.

TOUS les Maîtres se trouveront le vingt-uniéme du mois de Septembre, jour & fête de saint Matthieu de chaque année, dans l'Eglise des Révérends Pères Cordeliers du grands Couvent de saint Bonaventure, sur les neuf heures du matin, où sera dite & célébrée annuellement une Messe haute & solemnelle dans la Chapelle dédiée à Dieu sous le vocable de ce Saint; & chacun d'eux sera tenu d'y assister, ainsi qu'à celle qui y sera aussi célébrée le lendemain de ladite Fête, pour le repos des ames des Maîtres décédés dans le cours de l'année. Lors du décès desquels, ou de leurs femmes, leur corps étant porté en terre, sera accompagné de quatre Maîtres-Gardes & des autres Maîtres dudit Art qui ont passé par les charges.

II.

Chacun desdits Maîtres ou des Veuves d'iceux tenant boutique, payera par chacune année, ledit jour & fête de saint Matthieu, entre les mains des Courriers de ladite Chapelle, la somme de deux livres, pour sa Confrérie & pour l'entretien de ladite Chapelle.

III.

Pour faire observer les présens Réglemens seront nommés tous les ans deux Maîtres-Gardes, qui demeureront en charge pendant deux années consécutives, ensorte qu'il y en aura toujours deux anciens & deux nouveaux; auquel effet la Communauté desdits Maîtres s'assemblera quinze jours avant la saint Thomas, avec permission de Messieurs les Prévôt des Marchands & Echevins, pour choisir six d'entr'eux qui seront proposés au Consulat, pour en être par lui pris & nommés deux sur ce nombre, si bon lui semble: lesquels seront appellés pour donner leur voix & suffrages aux nouveaux Prévôt des Marchands & Echevins dans les formes ordinaires, & entreront le premier jour de l'année dans l'exercice de ladite charge, après que ceux qui sortiront de charge auront rendu leur compte, ce qu'ils seront tenus de faire dans la quinzaine après la nomination des nouveaux, à peine de l'amende de dix livres, applicable ainsi qu'il sera dit ci-après.

IV.

Sera aussi nommé tous les ans quinze jours avant ledit jour & fête saint Matthieu, un Courrier pour le service de ladite Chapelle, par ladite Communauté, & demeurera dans cette fonction pendant deux années, à compter du jour qu'il entrera en exercice, qui sera dans la quinzaine après ladite Fête pour donner le temps à l'ancien Courrier de rendre son compte.

V.

Sera tenu ledit Courrier sortant de charge de rendre son compte dans ledit temps à ladite Communauté, en présence des anciens Maîtres-Gardes & Courriers, & remettre le fonds restant, si aucun y a, entre les mains du nouveau Courrier, avec le livre de la Chapelle, papiers & ornemens d'icelle, dont il se trouvera chargé, & lequel nouveau Courrier sera aussi tenu de s'en charger par inventaire, qui sera fait par-devant Notaire; le tout à peine de la même amende de dix livres contre chaque contrevenant.

VI.

Lesdits Maîtres-Gardes seront obligés ensuite de la permission du Consulat de faire de temps en temps des visites chez les autres Maîtres de ladite Ville, assistés de deux Témoins & d'un Huissier, pour dresser leurs procès verbaux sur les contraventions qu'ils découvriront, au préjudice du négoce de la Draperie & des présens Réglemens, se saisiront en ce cas des marchandises pressées ou frisées sans être tondues, suivant la qualité desdites marchandises, & poursuivront les contrevenans pardevant lesdits Prévôt des Marchands & Echevins.

VII.

Nul ne pourra être reçu Maître & Apprentif qu'il ne soit de la Religion Catholique Apostolique

Romaine, & qu'il n'en ait justifié par les actes requis.

VIII.

Seront les actes d'Apprentissages passés en présence d'un des Maîtres-Gardes dudit Art, pardevant Notaire & témoins, lesquels Apprentissages les Maîtres dudit Art de Tondeurs de Draps, Presseurs, Retendeurs & Lustreurs, ne pourront passer avec ceux qui n'auront pas atteint l'âge de seize ans complets, ou qui seront mariés, ni pour moindre temps de trois années entiéres & consécutives, sans interruption, laquelle s'il en arrive, sera réparée temps pour temps, & non pour argent, & déclarée aux Maîtres-Gardes en charge quinze jours après icelle, par le Maître de l'Apprentif, qui ne pourra en obliger deux à la fois non plus que les autres Maîtres dudit Art, leur étant néanmoins loisible d'en prendre un nouveau six mois avant l'expiration du terme du dernier Apprentissage. Ne pourront aussi les Maîtres dudit Art qui sont associés & qui ne tiennent qu'une boutique, tenir plus d'un Apprentif : bien-entendu que ceux qui en auront pris avant l'obtention desdits présens Réglemens, les garderont si bon leur semble, à la charge qu'aucun desdits associés n'en pourra obliger d'autres que le temps de celui qu'ils auront ne soit fini, le tout à peine de cinquante livres d'amende.

IX.

Quinze jours après la stipulation desdits Apprentissages, les Maîtres qui les auront passés, seront tenus de les remettre aux Courriers dudit Art, pour être enregistrés sur le Livre tenu à cet effet par lesdits Courriers, en payant par lesdits Maîtres pour chacun desdits Apprentifs, la somme de trois livres, pour leur droit de Confrerie & entrée dudit Métier, sauf le recours du Maître contre l'Apprentif, qui ne pourra absenter son service ; & le faisant, sondit Maître sera tenu de se pourvoir au Consulat un mois après le jour de son absence, pour le faire rayer dudit livre en la manière ordinaire ; étant défendu à tous les Maîtres dudit Art d'obliger un Apprentif, s'il n'a fait rayer celui qui aura absenté, & dont le temps ne sera pas expiré : le tout à peine de soixante livres d'amende, nullité desdits Apprentissages & des dommages intérêts du second Apprentif.

X.

Après que lesdites trois années d'apprentissage seront expirées, les Maîtres seront obligés de donner quittances aux Apprentifs, sauf ausdits Maîtres de se pourvoir, s'il leur est dû quelque chose par lesdits Apprentifs, que lesdits Maîtres présenteront ausdits Maîtres-Gardes pour être inscrits en qualité de Compagnons, le temps duquel Compagnonnage ne commencera que du jour de ladite inscription, lors de laquelle il sera payé ausdits Maîtres-Gardes par chacun desdits Apprentifs la somme de six livres, pour pouvoir être reçus à la Maîtrise.

XI.

Défenses sont faites à tous les Maîtres dudit Art, d'employer sous quelque prétexte que ce soit, aucunes personnes, soit pour Compagnons ou Apprentifs s'ils ne sont registrés comme est dit aux précédens articles, à l'exception seulement des Compagnons étrangers & des Tourneurs de machines, qui ne pourront être employés que pour lesdites machines, & pour porter les marchandises mouillées des teintures : pareilles défenses ausdits Compagnons de travailler en chambre ni ailleurs pour leur particulier, soit pour garnir, tondre, ou friser aucune marchandise, à peine de confiscation de leurs outils, & de l'amende de cent livres contre chaque contrevenant au présent article.

XII.

Ceux qui désireront parvenir à la Maîtrise, en avertiront lesdits Maîtres-Gardes, pour les présenter à Messieurs les Prévôt des Marchands & Echevins de ladite Ville, afin qu'ils prêtent serment de bien & fidélement travailler & auner les Marchandises, & d'observer les présens Réglemens ; cela fait ils seront reçus Maîtres, à la charge de tenir boutique ouverte, garnie de presses & machines propres audit Art & non autrement, & de satisfaire au contenu au présent Réglement.

XIII.

Les Compagnons qui auront fait apprentissage en cette Ville, y seront reçus Maîtres, en justifiant desdits Apprentissages & Quittances registrées ainsi qu'il a été dit, & du Certificat de quatre années de Compagnonnage en cettedite Ville où ailleurs ; pour les droits de laquelle réception ils payeront ausdits Maîtres-Gardes la somme de cinquante livres, pour les droits de la Chapelle & frais de ladite Communauté.

XIV.

A l'égard des Compagnons qui n'auront pas fait apprentissage en cettedite Ville, ils seront tenus de rapporter leurs Actes d'apprentissages & Quittances d'iceux en bonne forme, avec un certificat de cinq années de Compagnonnage en cettedite Ville,

Ville, sans discontinuation, & de payer la somme de cent livres pour leur droit de Maîtrise.

XV.

Les fils de Maîtres seront exempts de faire Apprentissage, même de travailler en qualité de Compagnons dans d'autres boutiques que celles de leurs pères: ne pourront néanmoins être reçus à la Maîtrise, ni tenir boutique ouverte qu'ils n'ayent atteint l'âge de seize ans complets, & payé chacun pour leur droit de Maîtrise la somme de vingt-cinq livres; & au cas que lesdits fils de Maîtres vinssent à être délaissés par le décès de leurs pères avant l'âge de quinze ans, & que leurs mères quittassent ledit métier, ils seront obligés de faire seulement deux ans d'Apprentissage chez quelques Maîtres dudit Art, pour se rendre capables d'être admis à ladite Maîtrise audit âge de seize ans.

XVI.

Ceux des Compagnons dudit Art qui auront fait Apprentissage en cette Ville, comme il a été dit, & qui épouseront Veuves ou Filles de Maîtres de cettedite Ville, seront reçus à la Maîtrise, en faisant seulement une année de Compagnonnage, & en payant pour leur réception, ainsi que les Fils de Maîtres, la somme de vingt-cinq livres.

XVII.

Quant à ceux desdits Compagnons qui auront fait Apprentissage hors ladite Ville, & qui épouseront pareillement des Veuves ou Filles de Maîtres de ladite Ville, ils seront aussi admis à ladite Maîtrise en payant la même somme de vingt-cinq livres, à la charge néanmoins de justifier de leurs Actes d'Apprentissages & Quittances d'iceux en bonne forme, & d'un Certificat d'avoir travaillé en qualité de Compagnons en cettedite Ville pendant quatre années, chez un même Maître sans discontinuer, ou six ans chez plusieurs, aussi sans discontinuation.

XVIII.

Défenses sont faites aux Maîtres-Gardes dudit Art, de recevoir à la Maîtrise les Compagnons dudit Art qui ne seront de la qualité requise par les précédens Articles, à peine de cent livres d'amende contre les Maîtres-Gardes contrevenans.

XIX.

Aucuns Maîtres ni Veuves de Maîtres ne pourront tenir plus d'une boutique, quand même ils seroient divers Associés; défenses étant faites auxdites Veuves ou Maîtres de s'associer pour quelque portion que ce soit, avec des Compagnons ou autres personnes qui ne seront Maîtres dudit Art, à peine de l'amende de cinquante livres, & de fermeture de leurs boutiques pendant trois mois.

XX.

Les Veuves des Maîtres dudit Art & les Femmes de ceux qui absenteront ladite Ville, pourront continuer de faire travailler dudit Art, faire parachever aux Apprentifs de leurs maris le temps de leurs Apprentissages, & leur en passer quittances, sans en pouvoir pourtant prendre d'autres; & lorsqu'elles ne voudront pas continuer leurdite Profession, elles seront tenues de recourir auxdits Maîtres-Gardes, pour remettre lesdits Apprentifs chez quelqu'autre Maître qui n'en aura pas, pour parachever le temps de leursdits Apprentissages, le tout à peine de cinquante livres d'amende.

XXI.

Ne pourront les Maîtres qui auront quitté ladite

Profeſſion la reprendre qu'en payant leurs Confréries & autres charges de ladite Communauté, depuis le temps qu'ils auront ceſſé de les payer juſqu'au jour du rétabliſſement de leurs boutiques.

XXII.

Ne pourront auſſi aucuns Maîtres dudit Art donner de l'emploi à un Compagnon ſortant de chez un autre Maître, ſans avoir vu le congé par écrit du Maître qu'il aura quitté & l'avoir ſatisfait de ſes avances, ſi aucunes lui ſont dues ; & ne pourra ledit Compagnon quitter le ſervice dudit Maître ſans cauſe légitime, pour travailler dans ladite Ville, ou ſans mettre un Compagnon en ſa place qui ſoit au gré dudit Maître, lequel par contre ſera tenu d'avertir le Compagnon huit jours avant qu'il puiſſe l'envoyer, à peine de ſoixante livres d'amende contre les Maîtres qui donneront du travail auſdits Compagnons en cas de contravention au préſent Article.

XXIII.

Pour éviter les dangereuſes ſuites qui peuvent arriver, des brigues & des aſſemblées qui ſe font par les Compagnons dudit Art travaillans en cette Ville, pour y recevoir & baptiſer (diſent-ils) les autres Compagnons du même Art lorſqu'ils y arrivent, & qui ont accoutumé de ne vouloir prendre du travail chez aucun Maître ſans leur conſentement, leſquelles aſſemblées il eſt d'autant plus juſte de bannir, qu'il s'y commet une infinité d'indécences, blaſphêmes contre le ſaint nom de Dieu & profanation d'un Sacrement en faiſant ce Baptême : Défenſes ſont faites à tous les Compagnons de s'aſſembler dans ladite ville & fauxbourgs, ſoit pour ces ſortes de réceptions, conduites de ceux desdits Compagnons qui quittent la Ville, ou sous quelqu'autre prétexte que ce soit, même de payer, ou faire payer par lesdits Compagnons aucune bienvenue, à peine de prison & de punition exemplaire. Enjoint aux Maîtres-Gardes dudit Art de Tondeurs de draps, Presseurs, Retendeurs & Lustreurs d'y tenir la main, à peine d'en répondre en leurs propres & privés noms, & de l'amende de cinquante livres.

XXIV.

Lesdits Maîtres-Gardes seront tenus d'acheter & faire poser une meule propre à aiguiser les forces servant audit Art, comme il a été ci-devant pratiqué, laquelle meule ils entretiendront, & payeront le louage du lieu qu'elle occupera, le tout des deniers de ladite Communauté, à condition toutesfois que lesdits Maîtres payeront cinq sols pour chacune paire de forces qu'ils y feront aiguiser, & trente sols pour le debrétage d'icelles, pour subvenir à l'entretien de ladite meule & de leurdite Chapelle; & si par la faute & négligence desdits Maîtres-Gardes la susdite meule vient à se détruire, ils seront obligés d'en faire mettre une neuve en place à leurs propres frais & dépens, & condamnés à cinquante livres d'amende.

XXV.

Et finalement, seront toutes les amendes applicables; sçavoir un quart aux Pauvres de l'Aumône générale, l'autre quart à ceux de l'Hôtel-Dieu, un autre quart aux pauvres Maîtres dudit Art, & l'autre quart pour les affaires de ladite Communauté.

Signés, *Jean Boucherlat*, *Pierre Igonet*, *Pierre Aloignet*, *François Fournier*, *Jean Escofier*,

Antoine Viriſſel, Jean Peronnet, Claude Levet, Jean Duſoleil, Ennemond Berger, Pierre Bertholon, François Deberre, Jean Auvergnat, Etienne Renard, François Baſſin, Pierre Broſſe, Ravier, Etienne Sibert, Gabriel Lecocq, Pierre Tanliat, Bonnet, Louis Taravel, Henri Bouchérlat, Claude Levet, Jean Biſſoire, Henri Fay, Benoît Perrier, Dulliard, Antoine Madinier; leſquels ont tous ſigné à l'Original, outre leſdits *Lapra, François Allongnet, Michel Roupit, Jean Tardis, Antoine Bourican*, leſquels ont conſenti par Acte reçu par M. Melot, Notaire royal audit Lyon.

ORDONNANCE DU CONSULAT,

Portant approbation des préſens Réglemens.

LES Prévôt des Marchands & Echevins de la ville de Lyon, ayant vu les Réglemens & Statuts propoſés par les Maîtres Tondeurs de Draps, Preſſeurs, Retendeurs & Luſtreurs de toutes ſortes d'Etoffes tiſſues de laine, de ladite Ville, en vingt-cinq Articles, & iceux mûrement examinés, après avoir ouï le Sieur de Moulceau, ancien Prévôt des Marchands, Procureur général de ladite Ville, Conſeiller & Procureur du Roi dans les Juriſdictions unies au Corps Conſulaire; les avons approuvés, réſolus & arrêtés, ſous le bon plaiſir de Sa Majeſté, pour être ci-après obſervés ſuivant leur forme & teneur, ſous les peines y indictes; ſuppliant très-humblement Sa Majeſté & Noſſeigneurs de ſon Conſeil, d'en vouloir ordonner l'Homologation, ſi elle eſt requiſe & jugée néceſſaire. En témoin dequoi Nous Lambert de Ponsainpierre, Ecuyer, Seigneur du Peron, Prévôt des Marchands; François Huvet, Conseiller du Roi, Elu en l'Election de Lyonnois; François Salladin, Seigneur du Fraine; Jean-Jacques Gayot, Seigneur de la Rejasse & Pitaval, Conseiller du Roi, Garde-scel en la Sénéchaussée & Siége Présidial dudit Lyon, & Claude de Belly, Echevins susdits; avons fait expédier ces Présentes, icelles signées, fait contresigner par le Secretaire, & scellées des Armes de ladite Ville & Communauté, le seizième Novembre mil six cent quatre-vingt-trois.

Signé DEPONSAINPIERRE, DU PERON, HUVET, SALLADIN, GAYOT DE LA REJASSE, DE BELLY. *Et plus bas par le Consulat*, DECLAREINS.

LETTRES PATENTES,

PORTANT Confirmation des présens Réglemens.

LOUIS, par la grace de Dieu, Roi de France & de Navarre : A tous présens & à venir ; Salut. Nos bien amés les Maîtres Tondeurs de Draps, Presseurs, Retendeurs & Lustreurs de toutes sortes d'Etoffes tissues de laine, de notre ville de Lyon, nous ont très-humblement fait remontrer, que pour remédier aux abus & inconvéniens qui se sont glissés aux derniers temps dans leur profession, au sujet des anciens Statuts & Réglemens ; ils ont été obligés même pour satisfaire à nos Lettres Patentes du vingt-deux Juin mil six cent soixante-un, de les mettre ès mains du Prévôt des Marchands & Echevins de ladite Ville, pour être par eux examinés & réformés sur les Articles qu'ils leur ont présentés, lesquels ayant été trouvés avantageux pour le bien de leur Art, & celui du Public, ils les ont approuvés & ensuite résolus & arrêtés sous notre bon plaisir, par acte consulaire du seize Novembre dernier, pour être registrés en nouveaux Statuts & Réglemens, & renvoyé les Exposans pardevers Nous, pour leur être pourvus de nos Lettres de confirmation sur ce nécessaires, lesquels ils Nous ont très-humblement fait supplier leur vouloir accorder. A CES CAUSES, desirant favorablement traiter les Exposans, & leur faciliter les moyens de pourvoir aux abus & désordres qui peuvent être dans leur Art & Négoce ; de notre grace spéciale, pleine puissance & autorité royale, Nous avons par ces Présentes signées de notre main agréé, approuvé, autorisé & confirmé, agréons, approuvons, autorisons & confirmons lesdits Réglemens & Statuts desdits Tondeurs de Draps, Presseurs, Retendeurs, & Lustreurs d'Etoffes de laine, de notredite ville de Lyon, ci attachés sous le contre-scel de notre Chancellerie; Voulons & Nous plaît qu'ils soient gardés & observés par lesdits Exposans & leurs successeurs, de point en point selon leur forme & teneur, sans qu'il y soit contrevenu, sur les peines y contenues; pourvu toutefois qu'il n'y ait rien de contraire à nos Ordonnances, ni préjudiciable à nos Droits. SI DONNONS EN MANDEMENT à nos amés & féaux Conseillers les gens tenant notre Cour de Parlement de Paris, que ces présentes nos Lettres de confirmation de Statuts, ils ayent à faire registrer, & de leur contenu jouir & user lesdits Exposans & leurs successeurs, pleinement, paisiblement & perpétuellement, & iceux Statuts & Réglemens, faire garder & observer; à ce faire & obéir, contraindre tous ceux qu'il appartiendra, cessant & faisant cesser tous troubles & empêchemens contraires, pourvu comme dit est, qu'il n'y ait rien de contraire à nos Ordonnances ni préjudiciable à nos Droits: Car tel est notre plaisir: Et afin que ce soit chose ferme & stable à toujours, Nous avons fait mettre notre scel à cesdites Présentes. DONNÉ à Versailles au mois de Décembre l'an de grace mil six cent quatre-vingt-trois, & de notre regne le quarante-uniéme. *Signé* LOUIS: *Et sur le repli*, par le Roi, LE TELLIER; & à côté est écrit, *Visa* Le Tellier: pour confirmation de Statuts, cottés GAMART. Scellées du grand sceau de cire verte, en lacs rouges & verds, & contrescellées du petit scel de mêmes lacs.

Régistrées

Regiſtrées ; Oüi le Procureur général du Roi, pour jouir par les Impétrans & ceux qui leur ſuccéderont en ladite Communauté, de leur effet & contenu, & être exécutées ſelon leur forme & teneur, ſuivant l'Arrêt de ce jour. A Paris en Parlement le dix-huitième jour de Mars mil ſix cent quatre-vingt-quatre. Signé JACQUES.

ARREST

DE LA COUR DU PARLEMENT,

QUI renvoie pardevant les Prévôt des Marchands & Echevins de la ville de Lyon, les Statuts ci-devant, pour leur être communiqué, & donner ſur iceux leur Avis.

LOUIS, par la grace de Dieu, Roi de France & de Navarre ; Au premier Huiſſier de notre Cour de Parlement, ou autre Huiſſier ou Sergent ſur ce requis. Vu par notre Cour la Requête préſentée par les Maîtres Tondeurs de Draps, Preſſeurs, Retendeurs & Luſtreurs de toutes ſortes d'Etoffes tiſſues de laine, de la Ville de Lyon ; contenant qu'ayant fait un Réglement & Statuts, compoſés de pluſieurs articles & ſignés d'eux, leſquels auroient été approuvés par les Prévôt des Marchands & Echevins de ladite ville de Lyon, & ſur les concluſions du Subſtitut du Procureur général dans les Juriſdictions unies au Corps Conſulaire de ladite Ville, ſuivant l'acte du ſeize Novembre mil ſix cent quatre-vingt-trois ; & en conſéquence auroit obtenu du Roi la confirmation d'icelles ſuivant les Lettres données à Verſailles au mois de Décembre mil ſix cent quatre-vingt-trois ; par leſquelles le Roi auroit approuvé, authoriſé & confirmé les Réglemens & Statuts des Supplians, pour être gardés & obſervés par leſdits Expoſans & leurs ſucceſſeurs, à notre Cour adreſſantes : A ces Cauſes requérent leſdits Supplians qu'il fût ordonné que leſdits Statuts & Réglemens ſeroient regiſtrés en notre Cour, enſemble leſdites Lettres de confirmation d'icelles, pour être exécutées ſelon leur forme & teneur. Vu auſſi leſdites Lettres, Statuts & autres piéces attachées à ladite Requête, ſigné Girard le jeune, Procureur ; Concluſions de notre Procureur général : Ouï le rapport de Maître René Lemeuſnier, Conſeiller ; tout conſidéré : Notredite Cour avant procéder à l'enregiſtrement deſdites Lettres & Statuts ; ordonne qu'elles ſeront communiquées aux Prévôt des Marchands & Echevins de la ville de Lyon, pour donner ſur icelles leurs avis, ou y dire autrement ce que bon leur ſemblera ; pour ce fait, rapporté & communiqué à notre Procureur général, être ordonné ce que de raiſon. Si te mandons à la Requête deſdits Supplians, mettre le préſent Arrêt à exécution : de ce faire, te donnons pouvoir. Donné à Paris, en notredite Cour de Parlement, le dix-ſeptième Janvier, l'an de grace mil ſix cent quatre-vingt-quatre ; & de notre Regne le quarante-unième. *Collationné*, Moraud. *Par la Chambre*, Jacques.

AVIS DU CONSULAT DE LYON,

Et consentement à l'Homologation des susdits Réglemens.

NOus Prévôt des Marchands & Echevins de la ville de Lyon, en conséquence de l'Arrêt de Nosseigneurs de la Cour de Parlement, du dix-septième du présent mois de Janvier, signé *Jacques*, donné sur les conclusions de Monsieur le Procureur général, par lequel il a été ordonné qu'avant procéder à l'enregistrement des Lettres obtenues de Sa Majesté sur les Statuts & Réglemens de la Communauté des Maîtres Tondeurs de Draps de la ville de Lyon, lesdites Lettres nous seroient communiquées pour donner sur icelles notre Avis, ou y dire autrement, ainsi que bon nous sembleroit; pour ce fait rapporté & communiqué à mondit sieur le Procureur général, être ordonné ce que de raison; Avons dit & déclaré que lesdites Lettres, ensemble les Statuts & Réglemens qu'elles ont confirmés, sont à l'avantage & utilité du Public, & pour la bonne Police de ladite Communauté. En témoin dequoi Nous Lambert de Ponsainpierre, Ecuyer, Seigneur du Peron, Prévôt des Marchands; Jean-Jacques Gayot, Seigneur de la Rejasse & Pitaval, Conseiller du Roi, Garde-scel en la Sénéchaussée & Siége Présidial dudit Lyon; Claude de Belly; Jean Terrasson, Avocat en Parlement, Juge du Comté de Lyon & des Baronnies de Saint-Just, & Jacques Messier, Echevins susdits: Avons fait expédier ces Présentes, icelles signer, fait contre-signer par le Secretaire, & sceller des Armes de ladite

Ville & Communauté, le premier jour de Février mil six cent quatre-vingt-quatre. *Signé* DE PONSAINPIERRE DU PERON, GAYOT DE LA REJASSE, DE BELLY, TERRASSON, & MESSIER ; *Et par le Consulat*, RENAUD ; *Et scellé du Sceau de ladite Ville.*

ARREST

DE LA COUR DU PARLEMENT,

PORTANT Homologation des présens Réglemens.

Extrait des Registres de Parlement.

VU par la Cour les Lettres Patentes du Roi, données à Versailles au mois de Décembre dernier, signées LOUIS, *& sur le repli*, par le Roi, LE TELLIER ; & scellées en lacs de soie du grand sceau de cire verte, obtenues par les Maîtres Tondeurs de Draps, Presseurs, Retendeurs & Lustreurs de toutes sortes d'Etoffes tissues en laine, de la ville de Lyon, par lesquelles & pour les causes y contenues, ledit Seigneur Roi auroit agréé, approuvé, autorisé & confirmé les Réglemens & Statuts faits pour la commodité des Impétrans ; veut & lui plaît qu'ils soient gardés & observés de point en point selon leur forme & teneur, ainsi que de plus au long le contiennent lesdites Lettres à la Cour adressantes. Vu aussi lesdits Statuts & Réglemens, Arrêt du dix-septième Janvier dernier, par lequel avant procéder à l'enregistrement desdites Lettres, auroit été ordonné qu'elles seroient communiquées avec lesdits Statuts aux Prévôt des Marchands & Echevins de la ville de Lyon ; pour donner sur icelles leur Avis, ou y dire autrement ce que bon leur sembleroit ; pour ce fait rapporté & communiqué au Procureur général du Roi, être ordonné ce que de raison : l'Avis donné en exécution de l'Arrêt par lesdits Prévôt des Marchands & Echevins du premier du présent mois ; Requête afin d'enregistrement, Conclusions du Procureur général du Roi : Ouï le rapport de Philippes Genoud Conseiller, tout considéré. La Cour ordonne que lesdites Lettres seront registrées au Greffe de la Cour, pour jouir par les Impétrans & ceux qui leur succéderont en ladite Communauté, de l'effet & contenu en icelles, & être exécutées selon leur forme & teneur. Fait en Parlement le dix-huitième Mars mil six cent quatre-vingt-quatre. *Collationné*, STRONAT, *Signé* JACQUES.

Lu, publié à haute & intelligible voix, son de trompe & cri public, dans les Lieux, Carrefours & endroits accoutumés à faire telles & semblables proclamations, à ce qu'aucun n'en puisse ignorer, par moi Jean-Baptiste Bertholon, seul Juré-Crieur public pour le Roi en la Sénéchaussée & Siége Présidial de Lyon & autres Cours & Justices qui s'exercent dans ladite Ville & Fauxbourgs, y demeurant rue & paroisse saint George, soussigné, assisté de Maître Henri Monet, Trompette ordinaire de ladite Ville aussi soussigné, le vingt-neuvième Avril mil six cent quatre-vingt-quatre. Signé BERTHOLON & MONNET.

DELIBÉRATION

DE LA COMMUNAUTÉ DES MAISTRES Tondeurs de Draps, tendant à augmenter les Droits ordinaires pour parvenir à liquider ladite Communauté.

AUjourd'hui sur les deux heures de relevée, en conséquence de la permission de M. Flachat, Seigneur de Saint-Bonnet-les-Oulles, Prévôt des Marchands de cette Ville, jointe & annéxée aux Présentes, assemblée convoquée a été tenue en l'Hôtel commun de cette Ville, dans la salle ordinaire des Maîtres Tondeurs de Draps, Presseurs, Retendeurs & Lustreurs de toutes sortes d'Etoffes tissues de laine, de cettedite Ville, dans laquelle assemblée les sieurs Michel Ropique & Louis Banchet, Maîtres-Gardes en exercice de ladite Communauté, & les sieurs Jean Brosse & Jean Carrillon, anciens Gardes Adjoints, ont représenté aux Maîtres assemblés, que la modicité des droits ordinaires & casuels de Confrairie, Maîtrise, Compagnonages & Apprentissages de ladite Communauté, joint à la diminution qui est survenue dans les sujets d'icelle, avoient obligé leurs Prédécesseurs pour pouvoir soutenir les charges & dettes de ladite Communauté, de faire des augmentations sur ces droits ordinaires & casuels d'un commun accord avec tous les Maîtres; que ces augmentations ont eu lieu jusqu'à présent sans avoir été autrement autorisées & sans avoir souffert aucunes contradictions; mais comme il pourroit en survenir dans la suite, & que nonobstant ces augmentations, la Communauté se trouve devoir une somme d'environ douze cens livres qu'elle est hors d'état d'acquitter, lesdits Maîtres-Gardes nouveaux & anciens invitent ladite Communauté de délibérer sur les moyens les plus convenables de pouvoir acquitter ce qu'elle doit & soutenir ses autres charges: surquoi les sieurs Pierre Boucherlat, Etienne Pidal, Jean Ropique, Dlle. Gabrielle Jancat, veuve de sieur Cristophle Madinier, sieur Antoine Madinier, dlle. Elisabeth Orset, veuve de sieur Philibert Guilliarmet, sieur Jean-Claude Guilliarmet, Jean-Baptiste Fromage, & dlle. Denise Mandon Blanc, veuve de sieur Pierre Tanliat l'aîné, tous Maîtres Tondeurs de Draps, composans ladite assemblée, ont délibéré conjointement avec lesdits Maîtres-Gardes actuels & anciens, & sont convenus que l'on ne sçauroit rien faire de mieux pour le bien de la Communauté, que de fixer lesdits droits ordinaires & casuels; sçavoir, la Confrérie des Maîtres, à six livres, celle des Compagnons, à douze sols, l'enregistrement des Apprentifs à trois livres, celui des Compagnons à six livres; la réception à la Maîtrise des Maîtres ordinaires à quatre-vingt livres, celle des fils de Maître à quarante livres, celle des Compagnons de ville épousans fille ou veuve de Maître à pareille somme de quarante livres, celle des Maîtres Forains à deux cens livres, & celle des Compagnons Forains épousans fille ou veuve de Maîtres à cinquante livres: En conséquence la Communauté supplie Messieurs les Prévôt des Marchands & Echevins de cette ville de confirmer & homologuer la présente Délibération, pour être exécutée suivant sa forme & teneur, & donne aux Maîtres-Gardes actuels & anciens tout pouvoir requis & néceſſaire pour demander & pourſuivre ladite homologation. Fait & paſſé à Lyon dans ladite Aſſemblée, le neuvième Février mil ſept cent cinquante-quatre, ſur les trois heures de relevée; & ont ſigné, excepté ledit Guilliarmet & ladite veuve Tanliat qui de ce ſommés ont déclaré ne le ſçavoir; la Minute duement controllée reſtée à M^e^. Cabaret, Notaire. *Signé* ROCHE & CABARET.

ORDONNANCE CONSULAIRE,

Qui homologue la Délibération ci-devant, & permet l'exécution de ſon contenu pour l'augmentation des Droits y portés.

LES Prévôt des Marchands & Echevins de la ville de Lyon, Juges de la Juriſdiction Conſulaire de la Police des Arts & Métiers de ladite Ville.

Vu la préſente Délibération priſe par la Communauté des Tondeurs de Draps de cette Ville, enſemble l'Etat au vrai des dettes actives & paſſives de ladite Communauté; le tout communiqué à Etienne Proſt de Grangeblanche, Chevalier de Juſtice de l'Ordre royal & militaire de Saint-Lazare, & Procureur du Roi en cette Juriſdiction, lui ouï & ce requérant.

Le Conſulat, pour cette fois-ci & ſans tirer à conſéquence, a approuvé l'augmentation des Droits & la perception faite en conſéquence antérieurement & conformément à ce qui eſt porté par ladite Délibération; ordonne que pour l'avenir ladite Délibération ſera exécutée ſuivant ſa forme & teneur, & juſqu'à l'extinction des dettes de ladite Communauté. Fait au Conſulat par Nous Prévôt des Marchands & Echevins ſuſdits, le douzième Février mil ſept cent cinquante-quatre. *Collationné*, PERRICHON.

www.ingramcontent.com/pod-product-compliance
Ingram Content Group UK Ltd.
Pitfield, Milton Keynes, MK11 3LW, UK
UKHW021043260726
13994UKWH00005B/2327